МИСЛЕННЯ, ШВИДКЕ І ПОВІЛЬНЕ

Аналіз та підсумки за мотивами книги Daniel Kahneman

50MINUTES.com

МИСЛЕННЯ, ШВИДКЕ І ПОВІЛЬНЕ

Аналіз та підсумки за мотивами книги Daniel Kahneman

написаний Dries Glorieux
перекладено Yaroslav Melnik

МИСЛЕННЯ, ШВИДКЕ І ПОВІЛЬНЕ

КНИГА ПРО ПОМИЛКИ, ЯКІ МОЖУТЬ ВПЛИВАТИ НА ПРИЙНЯТТЯ РІШЕНЬ ЛЮДИНОЮ

Починаючи з 1970-х років, Деніел Канеман і його багаторічний співробітник Амос Тверскі перевернули загальноприйняті уявлення, заглибившись у (недосконалі) механізми, які люди використовують для прийняття рішень. Через 40 років ці ідеї зібрані в книзі «*Мислення, швидке і повільне*» з метою донести їх до ширшої аудиторії, ніж це було до цього часу.

Визначаючи дві різні системи мислення (просто названі Система 1 і Система 2, також відомі як Швидка і Повільна), книга прояснює джерело цих механізмів і умови, в яких вони можуть виникати. У середніх розділах глибше розглядаються деякі з конкретних механізмів, визначених у роботах Канемана і Тверскі з 1970-х років, і те, як вони залишаються актуальними для дискусій сьогодні.

Книга є вінцем сорокарічних досліджень Деніела Канемана у сфері прийняття рішень, і вона очолює хвилю досліджень, що продовжує зростати, на теми, включені до книги.

Ключова інформація

Довідкове видання: Канеман, Д. (2011) *Мислення, швидке та повільне*. Нью-Йорк: Penguin.

1-е видання: 2011 рік

Автор: Даніель Канеман (ізраїльсько-американський психолог та економіст, народився 5 березня 1934 року)

Галузі: психологія, економіка

Ключові слова:

- <u>Евристика</u> — мисленнєвий «ярлик», який люди використовують для прийняття рішень у складних ситуаціях, в яких недостатньо доказів для формування повністю обґрунтованого судження.

- <u>Упередження</u> — систематичне відхилення від певної норми або раціональності в судженнях як наслідок постійного використання евристик.

- <u>Теорія перспективи</u>: описова модель, введена Канеманом і Тверскі з метою аналізу прийняття рішень в реальному житті на противагу прийняттю оптимальних рішень. Модель стверджує, що люди приймають рішення не на основі потенційних результатів, а на основі ваги, що приписується потенційним втратам і вигодам. Наскільки ймовірними є ці втрати та виграші, залежить від евристики.

- <u>Прив'язка</u>: специфічна евристика, яка впливає на сприйняття важливості при прийнятті рішення завдяки тому, що певна інформація подається першою. На основі цієї інформації людина формує судження про наступну інформацію, зміщуючи судження на користь першої інформації.

- <u>Ефект наділення</u>: евристика, що пояснює розбіжність між цінністю, яка надається тому, що вже є у власності, і цінністю, яка надається тому, що не є власністю, незважаючи на те, що ці два предмети мають однакову цінність. Люди менш охоче розлучаються з чимось, чим вони володіють, в обмін на щось інше, що має рівну цінність. В економічних термінах це означає велику різницю в так званій готовності платити (скільки ви готові заплатити за товар) і готовності приймати (мінімальна сума грошей, яку ви готові прийняти за товар, щоб розлучитися з ним).

- <u>Доступність</u>: ментальний ярлик, який надає більшого значення пригадуванню речей. Наприклад: авіакатастрофи трапляються рідко, але через їхню високу видимість вони є частим джерелом страху для багатьох людей, яким доводиться користуватися літаком. Автомобільні аварії, з іншого боку, трапляються набагато частіше, але про них не так багато говорять через низьку популярність.

КОНТЕКСТ

АВТОР

Даніель Канеман народився 5 березня 1934 року в Тель-Авіві в тоді ще підмандатній Палестині. Він вивчав психологію та математику в Єврейському університеті в Єрусалимі, після чого працював в Армії оборони Ізраїлю до від'їзду в США в 1958 році, щоб здобути докторську ступінь з психології в Каліфорнійському університеті в Берклі. З того часу він є почесним професором психології та суспільних відносин в Прінстонському університеті.

Найбільш відомий своєю багаторічною співпрацею з психологом Амосом Тверскі, з яким він провів дослідження процесу прийняття рішень, що принесло йому Нобелівську премію з економіки у 2002 році (Тверскі помер у 1996 році). На додаток до Нобелівської премії, він також отримав Президентську медаль Свободи у 2013 році. Його науковий вплив поширився за межі психології на такі інші галузі, як економіка та політологія, про що свідчать приголомшливі 350 000 цитувань в Google Scholar. Його дослідження відіграли дуже важливу роль у становленні поведінкової економіки завдяки багаторічній співпраці з Річардом Талером, лауреатом Нобелівської премії 2017 року. Він був одружений з когнітивним психологом Енн Трайсман з 1978 року до її смерті в 2018 році і має двох дітей.

КОНТЕКСТ ТА ПЕРЕДУМОВИ

Поява літератури про упередження та евристики в галузі психології збіглася з виникненням галузі поведінкової економіки, яка згодом перетвориться на основну підгалузь економічної дисципліни. Евристика та упередження є конкретними прикладами (підсвідомих) методів, що використовуються як частина того, що політолог та економіст Герберт Саймон визначив як обмежену раціональність (1955). Через вроджені когнітивні обмеження з боку людини та обмеження, що накладаються середовищем, в якому вона живе, вона не може діяти повністю раціонально і тому використовує певні короткі шляхи (евристики та упередження).

Як щойно згадувалося, Герберт Саймон започаткував дослідження прийняття рішень в умовах недосконалості, запровадивши та розвинувши концепції обмеженої раціональності та сатисфакції. Задоволення – це стратегія прийняття рішень, яка передбачає порогове поняття доступності. Вона передбачає, що особи шукають не найкращу з можливих альтернатив, а ту, яка задовольняє мінімальний набір вимог.

РЕЗЮМЕ *МИСЛЕННЯ, ШВИДКОГО І ПОВІЛЬНОГО*

Книга «Мислення, швидке та повільне» підсумовує цілу низку незалежних досліджень, проведених протягом останніх чотирьох десятиліть Канеманом та Тверскі, але виходить за рамки цих досліджень, пропонуючи концептуальну основу для того, щоб спробувати зрозуміти, *чому* саме наш розум припускається цих систематичних помилок. У першому розділі Канеман розрізняє два типи розуму:

- «*Система 1* працює автоматично і швидко, майже без зусиль і без відчуття добровільного контролю.

- *Система 2* спрямовує увагу на напружену розумову діяльність, яка цього вимагає, включаючи складні обчислення. Діяльність Системи 2 часто пов'язана з суб'єктивним переживанням волі, вибору та концентрації» (с. 20-21).

Система 1 – це та автоматична система, яка з нами постійно, хоча вона здебільшого підсвідома. Канеман називає це нашою асоціативною пам'яттю. Система 2, з іншого боку, є контрольованою системою, до якої ми звертаємося рідше, оскільки в повсякденній рутині ми, як правило, не стикаємося зі складними питаннями так часто. Канеман намагається донести думку, що ці дві системи знаходяться в «контакті» одна з одною і що їх узгодженість (або неузгодженість) відіграє вирішальну роль у тому, чому люди схильні до помилок.

Зазвичай, відносини між ними мають дещо ієрархічний характер:

> *"...Системи 1 і 2 активні, коли ми не спимо. Система 1 працює автоматично, а Система 2 зазвичай перебуває в комфортному режимі низьких зусиль, в якому задіяна лише частина її можливостей. Система 1 безперервно генерує пропозиції для Системи 2: враження, інтуїції, наміри та почуття. У разі схвалення Системою 2 враження та інтуїції перетворюються на переконання, а імпульси – на добровільні дії. Коли все йде гладко, а це відбувається більшу частину часу, Система 2 приймає пропозиції Системи 1 з невеликими змінами або взагалі без них».* (p. 24)

Проблеми виникають тоді, коли виникають умови, що виходять за рамки звичних. За таких умов координація між двома системами може вийти з-під контролю, і Система 2 втрачає свою силу як перевірка Системи 1: «...Система 1, як правило, дуже хороша в тому, що вона робить: її моделі знайомих ситуацій точні, її короткострокові прогнози, як правило, також точні, і її початкові реакції на виклики швидкі і, як правило, доречні. Однак Система 1 має упередження, систематичні помилки, які вона схильна робити за певних обставин» (с. 25).

Коли це відбувається, Система 2 повинна включитися і взяти на себе функції Системи 1: «Коли Система 1 стикається з трудношами, вона звертається до Системи 2 з проханням підтримати більш детальну і конкретну обробку, яка може вирішити проблему, що виникла в даний момент. Система 2 мобілізується, коли виникає питання, на яке Система 1 не пропонує відповіді [...]» (с. 24). Система 2 – це система, яка відповідає за те, що ми називаємо самоконтролем.

Наступні три розділи стосуються низки недоліків у нашому мисленні, які Канеман і Тверскі (а також, певною мірою, інші дослідники) виявили за десятиліття, що минули від початку їхньої дослідницької програми. Найбільш помітними з них є наступні:

- **Якорі:** якорі – це опорні точки, які впливають на сприйняття людьми певного питання. Саме по собі це не дивно, оскільки ми постійно використовуємо посилання, щоб зрозуміти суть речей, але «вада» полягає в тому, що незалежно від того, чи має якір якесь відношення до питання, що розглядається, він, очевидно, все одно має вплив на те, як ми сприймаємо речі. У книзі наводиться приклад того, як два випадкових числа на колесі фортуни вплинули на рішення людей, коли їх запитали, скільки років було Ганді, коли він помер. Числа не мали прямого зв'язку з фактичним віком Ганді, коли він помер (78 років), але, тим не менш, вплинули на відповідь, яку давали люди. Перше число було 10, а друге – 65. Як і передбачалося, люди, які отримали 10, в середньому дали нижчу оцінку його віку, коли він помер, порівняно з тими, хто отримав 65. Цей ефект був добре задокументований протягом багатьох років, але причина, чому люди схильні до ефекту прив'язки, залишалася нерозгаданою до недавнього часу: «Два різних механізми виробляють ефект прив'язки – по одному для кожної системи. Є форма прив'язки, яка відбувається у свідомому процесі налаштування, роботі Системи 2. А є прив'язка, яка відбувається за допомогою ефекту праймінгу, автоматичного прояву Системи 1» (с. 120).

- **Доступність:** у певному сенсі, евристика доступності схожа на евристику прив'язки, оскільки вона залежить від того, що люди дійсно *бачать* щось, що дає їм неправильне уявлення про речі. Образність грає з нашою свідомістю, тому що вона серйозно грає на слабких сторонах першої системи:

> *"Надзвичайно яскравий образ смерті і руйнувань, постійно підкріплений увагою ЗМІ і частими розмовами, стає дуже доступним, особливо якщо він пов'язаний з конкретною ситуацією, як, наприклад, вигляд автобуса. Емоційне збудження є асоціативним, автоматичним і неконтрольованим, і воно виробляє імпульс до захисної дії. Система 2 може "знати", що ймовірність низька, але це знання не усуває самогенерований дискомфорт і бажання його уникнути. Систему 1 вимкнути неможливо. Емоція не тільки непропорційна ймовірності, вона також нечутлива до точного рівня ймовірності".* (с. 322-323)

- **Ефект наділення:** ефект наділення, як зазначалося раніше, полягає в тому, що цінність, яку ви приписуєте чомусь, чим ви особисто володієте, перевищує цінність, яку ви приписуєте іншому об'єкту, яким ви не володієте, в той час як вони насправді мають однакову цінність, якщо розглядати їх об'єктивно. Що є причиною такої розбіжності? Причина не в якійсь невід'ємній рисі, притаманній різним товарам, а в меті, якій вони служать: «Відмінною рисою є те, що і взуття, яке продає вам торговець, і гроші, які ви витрачаєте зі свого бюджету на взуття, утримуються «для обміну». Вони призначені для обміну на інші товари. Інші товари, такі як вино і квитки на Суперкубок, утримуються «для використання», для споживання або іншого задоволення» (с. 294). Товари, які ви маєте намір використовувати, мають для вас більшу цінність, ніж товари для обміну, тому, коли у вас є хороша пляшка вина, як у прикладі, наведеному в книзі, ви не захочете з нею розлучатися, якщо тільки сума, яку вам дадуть, не буде значно перевищувати суму, яку ви були готові витратити на її придбання.

ВПЛИВ *МИСЛЕННЯ, ШВИДКОГО І ПОВІЛЬНОГО*

ПРИЙОМ

Книга, написана лауреатом Нобелівської премії, яка елегантно підсумовує багатство академічних досліджень, майже неодмінно привертає значну увагу, і в цьому сенсі вона її привернула. Вона була широко рецензована і високо оцінена, отримавши такі нагороди, як премія Національної академії наук за кращу книгу, одна з кращих книг 2011 року за версією *The New York Times Book Review*, одна з книг року за версією *The Economist* 2011 року і одна з кращих нон-фікшн книг 2011 року за версією *The Wall Street Journal*.

З моменту першої публікації у 2011 році книга була продана накладом понад півтора мільйона примірників, що дозволило їй увійти до низки списків бестселерів, зокрема, до списку бестселерів газети «Нью-Йорк Таймс». З академічної точки зору вона була розглянута в таких виданнях, як «*Журнал економічної літератури*» (*Journal of Economic Literature*).

Це одна з небагатьох книг, написаних науковцем, якій вдається балансувати між академічним та масовим світом. Книга використовується науковцями як підручник у курсах з психології та поведінкової економіки або як частина списку літератури до курсу.

КРИТИКА ПІДХОДУ КАНЕМАНА

Незважаючи на те, що в цілому позитивно сприйнята в академічному світі, література про евристику та упередження все ще викликає певну критику. Зокрема, варто звернути увагу на дві критичні зауваження:

1. Наводиться аргумент, що ірраціональність як наслідок роботи евристик та упереджень буде/буде відсіяна в ринковому процесі. Ціни та розподіл стануть ефективними з економічної точки зору, незважаючи на психологічні фактори. Конкретним прикладом цього є приклад Мілтона Фрідмана (1953), який описав цей механізм на фінансових ринках.

2. Друга критика визнає вплив психологічних факторів на індивідуальну поведінку, але стверджує, що це впливає лише на поведінку на периферії, тоді як стандартні економічні підходи мають справу з поведінкою першого порядку. Таким чином, вони не впливають на основні рішення, що приймаються індивідами (або, принаймні, не впливають у будь-якому значущому сенсі).

Ці критичні зауваження, як правило, були враховані в емпіричних дослідженнях, що ставить під сумнів ефективність обговорюваних ринкових механізмів.

Більш гострою є критика, висловлена Андрієм Шлейфером (2012). Функціональна відмінність між Системою 1 і Системою 2 стає напруженою при більш уважному розгляді. Чи справді Система 2 забезпечує надійну інформаційну перевірку помилок Системи 1? Шлейфер вказує на те, що інформація, якою володіє Система 2, радикально відрізняється у різних людей:

> *"...обчислення 20 x 20 є легким завданням для Системи 1, значною мірою тому, що економісти були відібрані, щоб бути хорошими в цьому і мали багато практики. Але для багатьох людей, які не є експертами, ця операція є важкою, або навіть неможливою, і, безумовно, є сферою Системи 2. На противагу цьому, вкрутити лампочку для мене дуже схоже на Систему 2 [...]. У міру того, як люди отримують знання або досвід, області двох систем змінюються". (2012: 4)*

Чи буде Система 2 виправляти помилки, зроблені Системою 1, здається, більше залежить від особливостей відповідних людей, а не від будь-якого узагальненого розподілу знань між ними. Більше того, проблеми, пов'язані з цими двома системами, є теоретично різними: як зазначав Канеман (і Тверскі), люди зазнають невдачі в мисленні Системи 1, тому що вони не думають про проблеми в правильний спосіб. Люди зазнають невдачі в мисленні Системи 2, однак, через вищезгадану обмежену раціональність, що означає, що вирішення складних проблем саме по собі є обмеженим, незважаючи на те, що ми свідомо приділяємо цьому увагу (наприклад, незважаючи на те, що ми думаємо про ці проблеми належним чином).

Таким чином, Система 1 і Система 2 виглядають як окремі психічні процеси, що змушує Шлейфера думати, що ієрархічне бачення Канемана між 1 і 2 може не підтвердитися майбутніми дослідженнями: «...кожна з систем 1 і 2, як видається, є сукупністю окремих психічних процесів. Система 1 включає несвідому увагу, сприйняття, емоції, пам'ять, автоматичні причинно-наслідкові наративи тощо. Я стурбований тим, що після того, як біологія мислення буде вивчена, те, що насправді відбувається в наших головах, навряд чи буде чітко розділене на швидке і повільне мислення». (там само: 5).

СПАДЩИНА

Ідеї, викладені в книзі, фундаментально вплинули на низку галузей, таких як психологія, економіка, політологія, бізнес та фінанси (про що свідчить робота Роберта Шиллера, який отримав Нобелівську премію з економіки 2013 року за свою роботу з поведінкових фінансів). Як згадувалося раніше, такі люди, як Річард Талер в економіці, а також Кас Санстейн в юриспруденції, були тісно пов'язані з дослідницькими проектами Канемана і Тверскі протягом дуже тривалого часу.

Особливо помітним результатом програми дослідження евристик та упереджень стало зростання сфери лібертаріанського патерналізму. Тут Талер співпрацював з Санстейном, щоб подумати про вплив, який наявність когнітивних недоліків може мати на розробку політики (див. посібник до книги *Поштовх*, написаної ними). Ідея полягає в тому, що уряди можуть впроваджувати те, що вони називають «архітектурою вибору»: набір рекомендацій, які підштовхують людей до певного вибору, який є кращим для них, на думку самих людей. Передбачається, що ці політичні підштовхування будуть працювати краще саме тому, що вони враховують психологічні схильності людей.

РЕЗЮМЕ

Канеман визначає низку ключових термінів, пов'язаних з процесами мислення людини:

- **Система 1:** система, яка відповідає за обробку щоденних потоків інформації, з якими ми стикаємося. Вона є імпульсивною і значною мірою підсвідомою, але зазвичай виконує свою роботу, тому що речі, з якими ми стикаємося, в основному є простими ситуаціями, які не вимагають від нас перемикання на Систему 2. Система 1 в основному складається з вроджених людських здібностей, які поділяються майже з усіма іншими, і деяких базових навичок, отриманих під час навчання, таких як асоціації між ідеями, читання, нюанси і т.д. Ці знання зберігаються і доступні людям без наміру чи зусиль.

- **Система 2:** сюди входять операції, які виконуються *свідомо*: «Дуже різноманітні операції Системи 2 мають одну спільну рису: вони вимагають уваги і порушуються, коли увага відволікається» (с. 22). Тут люди стикаються з компромісом: кількість доступної уваги обмежена, і тому ми можемо зосередитися лише на невеликій кількості речей у будь-який момент часу. Це призводить до того, що ми дивимося на одні речі, нехтуючи іншими. Канонічним дослідженням, згаданим у книзі, є експеримент, в якому людям пропонується зосередитися на одній з двох груп людей на відео. Поки вони це роблять, крізь кадр проходить чоловік у костюмі мавпи. Більшість людей не помічають мавпу, яка проходить повз, тому що вони витрачають всю свою увагу на одну конкретну групу, відволікаючись на інші речі в процесі.

- **Теорія перспективи:** теоретична основа вибору, розроблена Канеманом і Тверскі для пояснення того, як люди обирають в реальному житті, на відміну від абстракцій, що використовуються, наприклад, в неокласичній економіці.

- **Евристики: мисленнєві** скорочення, що використовуються людьми для прийняття рішень з певних питань, не маючи доступу до інформації, яка була б необхідна для прийняття повністю обґрунтованого рішення. Ці евристики можуть бути як позитивними, так і негативними, оскільки вони можуть ґрунтуватися на найкращій доступній інформації, яка є надійним проксі, або ж спотворювати питання, що розглядається, викривлюючи випадковість, причинно-наслідкові зв'язки тощо.

ЧИТАТИ ДАЛІ

БІБЛІОГРАФІЯ

Канеман, Д. (2011) *Мислення, швидке та повільне*. Нью-Йорк: Penguin.

ДОДАТКОВІ ДЖЕРЕЛА

Глорье, Д. (2019) Рецензія на *книгу: Поштовх Річарда Х. Талера та Касса С. Санстейна*. Брюссель: Plurilingua Publishing.

Канеман, Д. и Тверскі, А. (1979) Теорія перспективи: Аналіз рішень в умовах ризику. *Econometrica*. 47(2), с. 263-292.

Шлейфер, А. (2012) Психологи біля воріт: Огляд книги Даніеля Канемана «*Мислення, швидке та повільне*». *Журнал економічної літератури*. 50(4), с. 1-12.

Саймон, Г. (1955) Поведінкова модель раціонального вибору. *The Quarterly Journal of Economics*. 69(1), pp. 99-118.

Талер, Р. та Санстейн, К. (2009) Поштовх: *Покращення рішень щодо здоров'я, багатства та щастя*. Нью-Йорк: Penguin.

Тверскі, А. та Канеман, Д. (1974) Судження в умовах невизначеності: евристика та упередження. *Science*. 185(4157), pp. 1124-1131.

Тверскі, А. та Канеман, Д. (1973) Доступність: Евристика для оцінювання частоти та придатності. *Когнітивна психологія*. 5, pp. 207-232.

MASLOW'S
HIERARCHY
OF NEEDS
Personal accomplishment
Esteem
Belonging
Security
Physiologic
THE SWOT
ANALYSIS
Strengths
Weaknesses
SWOT
Opportunities
Threats

Видавець забезпечує достовірність опублікованої інформації, за яку, однак, не несе відповідальності.

Майстер ISBN: 9782808601337
Паперовий ISBN: 9782808602785
Юридичний депозит: D/2022/12603/279

Цифровий дизайн: Primento,
цифровий партнер видавництва.

www.ingramcontent.com/pod-product-compliance
Lightning Source LLC
LaVergne TN
LVHW041302200726

843507LV00014B/3104